DE LA LÉGISLATION RUSSE

AU POINT DE VUE

DE LA LIBERTÉ DE CONSCIENCE.

PARIS
A. FRANCK, LIBRAIRE-ÉDITEUR,
67, Rue de Richelieu.

BERLIN
ASHER ET Cᵉ, 20, Unter den Linden.

LONDRES
D. NUTT, 270, Strand.

1858.

DE LA LÉGISLATION RUSSE

AU POINT DE VUE

DE

LA LIBERTÉ DE CONSCIENCE.

PARIS
A. FRANCK, LIBRAIRE-ÉDITEUR,
67, Rue de Richelieu.

BERLIN	LONDRES
ASHER ET Cᵉ, 20, Unter den Linden.	D. NUTT, 270, Strand.

1858.

STRASBOURG, IMPRIMERIE DE VEUVE BERGER-LEVRAULT.

DE LA LÉGISLATION RUSSE

AU POINT DE VUE

DE LA LIBERTÉ DE CONSCIENCE.

Le Nord a récemment publié une série d'articles excessivement importants sur les *questions se rattachant à celle de l'abolition du servage en Russie* [1]. « Il en est une, dit l'auteur de ces articles, qui, au premier abord, paraît appartenir à un tout autre ordre de faits, mais qui, si on l'approfondit, se rattache également, et d'une manière très-étroite, au développement du travail national, quoique peut-être elle n'ait encore jamais été considérée sous ce point de vue. Nous voulons parler de la question des *Raskolnikis* ou sectaires.» Il voudrait que l'État, au lieu de peser lourdement sur eux, n'oubliât pas que ces sectaires sont des hommes ayant droit à sa

---

1. Voyez ses numéros des 13, 14, 16, 17 et 18 août dernier.

protection, à ses bienfaits, à sa justice ; il lui conseille de les reconnaître franchement et de les laisser se donner des prêtres de leur façon.

Tout en nous associant de grand cœur au vœu de l'écrivain anonyme, que nous nous plaisons à citer, qu'il nous soit permis d'étendre davantage ses nobles aspirations et de souhaiter que la liberté de conscience soit enfin proclamée en Russie, non-seulement en faveur des *Raskolnikis*, mais encore en faveur de tous les sujets de Sa Majesté Impériale, qu'ils soient catholiques ou protestants. Il est grand temps que la Russie n'ait plus sur ce point aucune analogie ni avec la Suède, ni avec la Turquie.

Quand il arrive de s'entretenir dans la société de Saint-Pétersbourg, si agréablement intelligente, de sujets religieux, on reproche immédiatement à l'Église catholique les bûchers éteints de l'inquisition, on la rend responsable des fautes de quelques-uns de ses membres, on cite Torquemada, en laissant dans l'ombre son contemporain Las-Casas, et, après avoir lancé à son interlocuteur, orthodoxe sans s'en vanter, l'épithète de *Jésuite*, on croit avoir tout dit. On se trompe fort. Le catholique n'a jamais rien à éluder dans les objections qu'on lui fait ; il n'a qu'à rétablir les faits sous leur véritable jour pour les faire perpétuellement servir au triomphe de sa croyance. D'un mot, il écrase souvent la *critique*, en établissant qu'elle n'est que *calomnie*.

L'action de l'Église n'a jamais été *agressive :* après

s'être laissé égorger pendant des siècles, après avoir donné à ses enfants l'exemple de la résignation la plus sublime, elle leur devait pareillement celui de la modération dans la lutte. Elle a jugé à propos, et dans certains moments seulement, d'user de son droit de *légitime défense :* il est injuste de lui en faire un crime. A-t-on jamais reproché à la ville assiégée l'héroïsme de sa défense ? Il est vrai que sa justice a été plus rigoureuse à certaines époques que dans d'autres, mais est-il permis de la taxer pour cela d'inconstante et de variable? Non, sans doute, a répondu depuis longtemps S. Augustin. « L'im-« muable loi du Tout-puissant, en réglant les mœurs « des nations suivant les temps et les lieux, demeure « éternellement la même partout et toujours. C'est « le temps auquel elle préside, qui n'est pas im-« muable comme elle; l'instabilité est sa nature. « L'homme, pendant son court et rapide passage sur « la terre, ne peut embrasser dans sa fragile pensée « tous les temps et tous les peuples, ni comparer ce « qui leur convenait avec ce qui convient à son siècle; « il *blâme inconsidérément ce qu'il ne peut s'expliquer,* « et cependant il approuve de semblables choses « dont il est le témoin, lorsque, selon la diversité « des lieux, de l'heure ou des personnes, selon la « convenance de telle partie du corps pour le même « individu, telle ou telle chose est admise ou rejetée[1]. »

1. Confessions, liv. III, chap. 7.

La non-tolérance de l'Église, qui admet la réhabilitation complète et immédiate par le repentir, tandis que le monde *ne sait pas pardonner*, ne doit pas faire pâlir le catholique. Selon la profonde remarque d'un écrivain éminent qui se connaît à présenter l'Église à nos hommages à son point de vue réel, les pages qui nous paraissent les plus sombres dans son histoire, nous découvrent, au contraire, que «*jamais l'Église n'a rendu son infaillibilité plus sen-*«*sible qu'à certains jours où elle touche à l'abîme* «*de l'erreur par ceux qui la servent, sans y tomber* «*jamais elle-même*[1] *!*»

Toutes les attaques ressuscitées des encyclopédistes sont donc basées sur des notions fausses et incomplètes. Ici, il ne nous importe d'exposer que ce sont précisément celles dont la société russe, d'ailleurs si remarquable, a le moins le droit d'emprunter à l'école anti-historique de Voltaire.

Anciennement on était aussi cruel à Novgorod qu'à Séville à l'égard de ceux qui étaient soupçonnés d'hérésie ou de sortilége. Sans jugement ni enquête, on les lançait en pâture aux chiens, on leur arrachait la langue, ou bien on les jetait dans le Volga, une meule au cou.[2]

Partout, quand la magistrature touchait de trop

---

1. Biographie de Galilée par le comte de Falloux, insérée dans le XXe tome du Correspondant, page 520.

2. Voyez l'Histoire ecclésiastique de l'évêque Innocent, à l'usage des séminaires, article Hérésies.

près la robe blanche de l'Église, elle semblait en ternir l'éclat. Ces faits, qu'on retrouve malheureusement dans les annales de plus d'un peuple, font frissonner; mais ce qui donne le vertige, c'est que cette folie ne soit pas radicalement guérie, et qu'il puisse encore rester en Europe un pays, outre la Suède, où les délits religieux soient regardés, comme au moyen âge, mais sans la même excuse, comme des crimes civils, et où la sainte Barthélemy, flétrie à juste titre dans les salons, soit cependant érigée en principe dans sa législation. Pour qu'il n'en soit plus ainsi, il nous semble utile de produire quelques articles du *Code pénal russe*, mis en vigueur le 1er mai 1846, et il sera, sans doute, suffisant de leur infliger l'épreuve de la traduction pour leur attirer le sort de ces momies d'Égypte qui tombent en poussière dès qu'elles sont posées au contact de l'air.

« Art. 195. Celui qui détournera quelqu'un de la confession orthodoxe en faveur d'une autre confession chrétienne, sera condamné :

« A la perte de tous ses droits et priviléges inhérents à sa condition, et à l'exil dans le gouvernement de Tobolsk ou de Tomsk.

« S'il n'est pas exempt par la loi des peines corporelles, il recevra 50 à 60 coups de verges, avant d'être envoyé aux travaux forcés pour un ou deux ans. S'il est prouvé que pour détourner de la confession orthodoxe dans une autre confession chrétienne, il a été employé de la contrainte et de la violence, le coupable sera condamné à la perte de tous ses droits et à l'exil dans les colonies de la Sibérie, et, s'il n'est pas exempt des peines corporelles, à recevoir de la main du *bourreau* 10 à 20 coups de fouet.

« Art. 196. Celui qui abandonne la confession orthodoxe pour une autre confession chrétienne, est remis à l'autorité ecclésiastique pour être exhorté, éclairé et qu'on en use à son égard d'après les règles de l'Église. Jusqu'à ce qu'il rentre dans l'orthodoxie, le gouvernement prend des *mesures* pour préserver de séduction ses enfants mineurs et les serfs sous sa dépendance. Une tutelle est mise sur ses biens habités par des orthodoxes, et il lui est défendu d'y résider.

« Art. 197. Celui qui, dans un discours ou dans un écrit quelconque, aura essayé d'entraîner des orthodoxes dans une autre confession, quoique chrétienne, sera condamné pour ce crime :

« Pour la première fois, à perdre certains droits et priviléges, et à être enfermé pour un à deux ans dans une maison de correction. Pour la deuxième fois, à être enfermé dans une forteresse, durant 4 à 6 ans, avec la perte de certains priviléges ; et pour la troisième fois, à perdre tous ses droits et priviléges et à être envoyé en exil dans le gouvernement de Tobolsk ou de Tomsk avec un emprisonnement de 1 à 2 ans. Si le coupable n'est pas exempt des peines corporelles, il recevra 60 à 70 coups de verges avant d'être envoyé aux travaux forcés pour 2 ou 4 ans.

« Ceux qui, sciemment et avec intention, chercheront à entraîner des orthodoxes dans une autre confession chrétienne, répandront dans ce but des discours ou des ouvrages non orthodoxes, seront condamnés à être enfermés dans une maison de correction de 6 mois à 1 an, selon la gravité de leur faute.

« Art. 198. Les parents qui, obligés légalement d'élever leurs enfants dans la foi orthodoxe, les feront baptiser ou approcher d'autres sacrements et élever d'après les usages d'une autre confession chrétienne, seront condamnés à être enfermés en prison pour 1 à 2 ans.

« Leurs enfants seront confiés pour leur éducation à des parents orthodoxes, ou, à leur défaut, à des tuteurs nommés par le gouvernement.

« La même peine atteint les tuteurs qui élèveraient les enfants qui leur sont confiés dans une religion étrangère, et, dans ce cas, la tutelle leur est immédiatement enlevée.

« Art. 199. Ceux qui empêcheront quelqu'un d'embrasser la foi orthodoxe seront condamnés à être emprisonnés pour 3 à 6 mois.

« S'il a été employé des menaces, des vexations ou de la violence, ils perdront certains droits et priviléges et seront enfermés dans une maison de correction pour 2 à 3 ans.

« En outre, et dans tous les cas, il leur sera défendu d'avoir auprès d'eux des vassaux orthodoxes et d'administrer leurs biens, s'ils s'en trouvent.

« Art. 200. Celui qui n'ignore pas que sa femme ou ses enfants, ou des personnes que la loi l'oblige de surveiller, ont l'intention d'abandonner la foi orthodoxe et n'essayera pas de les en dissuader en prenant les mesures que la loi autorise de prendre pour les en empêcher, sera passible d'une arrestation de 3 jours à 3 mois, et, s'il est orthodoxe, sera astreint à la punition ecclésiastique. »

Ainsi cette loi oblige un homme à *dénoncer* même sa *femme*, même ses *enfants*, et à sévir lui-même contre eux! Hâtons-nous de le dire, il n'y a pas d'exemple que cette loi ait été fidèlement exécutée. Mais l'annonce même de pareilles rigueurs, dans un code obligatoire, n'est-il pas un opprobre public?

« Art. 201. Les prêtres de confessions chrétiennes qui, sciemment, entendront la confession d'orthodoxes, leur donneront la communion, leur administreront l'Extrême-Onction, baptiseront ou confirmeront leurs enfants d'après leur rite, seront passibles, pour la première fois, d'être éloignés de leur place pour 6 mois à 1 an;

« Et pour la deuxième fois, de perdre leur charge spirituelle, et d'être placés sous la surveillance de la police. Si ce n'est que par ignorance qu'ils auraient rempli une de ces fonctions spirituelles près d'orthodoxes, ils seront sévèrement réprimandés pour un manque de circonspection, si peu d'accord avec l'importance de leur vocation.

« Art. 202. Les membres du clergé des confessions chrétiennes, convaincus d'avoir enseigné le catéchisme à des enfants orthodoxes, ou de leur avoir fait des insinuations contraires à l'orthodoxie, *quand même il ne serait pas prouvé* qu'ils aient eu l'intention de les séduire, seront passibles: la première fois, d'être éloignés de leurs charges pour 1 à 3 ans;

« Et la deuxième fois, de perdre complétement leur charge spirituelle, et, après avoir été emprisonnés 1 à 2 ans, d'être placés sous la surveillance continuelle de la police.

« Art. 203. Les membres du clergé catholique, séculier et monastique, des gouvernements occidentaux qui, quoique n'employant aucun moyen pour convertir des orthodoxes, en auront à leur service dans leurs églises ou monastères, malgré que cela leur est expressément défendu, paieront pour ce délit une amende de 10 roubles par tête.

« Art. 204. Les ecclésiastiques de confessions étrangères qui, sans autorisation spéciale, recevront dans leur communion des sujets russes hétérodoxes, seront, pour la première fois et la deuxième fois, sévèrement réprimandés; pour la troisième fois, ils seront privés pendant 2 ans de leur charge, et pour la quatrième fois, ils seront privés de leur dignité et de tous les droits et priviléges qui peuvent y être attachés.

« Art. 205. Celui qui, dans des réunions publiques, entamera des discussions inconvenantes sur la différence des religions, sera condamné, selon la gravité des circonstances, à une réprimande sévère du tribunal, à une amende de 5 à 10 roubles, ou à une arrestation de 3 à 1 jour. »

Dans un article précédent, la loi n'étend pas le bénéfice de la prescription en faveur de ceux qui ont quitté l'Église orthodoxe pour embrasser une autre confession chrétienne, attendu, dit le texte, que *le crime* ne cessé pas d'exister jusqu'à ce qu'on revienne dans le giron de l'Église nationale.[1]

Par rapport à la grave question des mariages mixtes, le dixième tome des lois, entre autres dispositions vexatoires, stipule que : quand l'un des deux époux est orthodoxe, le prêtre ne peut bénir le mariage qu'après avoir pris de la partie hétérodoxe l'engagement formel, par écrit, qu'elle ne cherchera pas à entraîner son époux ou épouse, par séduction, menaces ou tout autre moyen, à embrasser sa religion, et que tous ses enfants seront élevés dans la foi orthodoxe.[2]

Les mariages entre catholiques et orthodoxes, célébrés seulement dans l'Église catholique, sont déclarés nuls et sans valeur.[3]

1. Article 167.
2. Article 71.
3. Article 74.

Jésus-Christ a dit à ses apôtres: Allez, enseignez parmi toutes les nations. En Russie, s'ils se permettent d'exposer sa doctrine, sans même avoir l'*intention* de la faire embrasser, la police leur enlève leur dignité indélébile de pasteur, les punit et les dégrade. Ils ne peuvent secourir un mourant, baptiser un juif, sans une autorisation préalable qu'ils n'obtiennent *jamais*.

On reproche amèrement aux Russes, qui rentrent réellement dans la foi de leurs aïeux, d'abandonner la terre où reposent leurs mânes, et d'aller demander à l'étranger la liberté d'adorer Dieu et d'élever leurs enfants selon leur devoir et le vœu de leur cœur. — Le simple exposé des lois que nous produisons ici suffit pour les excuser. On leur dit de faire semblant d'être orthodoxes, que la loi, au demeurant, ne demande qu'une légère apparence, et qu'après avoir fermé notre porte à double tour, là, semblables aux héros des catacombes, nous sommes libres de faire nos signes de croix de gauche à droite. On leur répète avec amitié le conseil de Pauline à Polyeucte: *Adorez-le dans l'âme, et n'en témoignez rien!*

Mais l'honnête homme a le courage de sa conviction et, si le chrétien n'est jamais obligé de présenter sa gorge au bourreau, il est toutefois tenu de ne pas rougir de sa profession et de se *nommer*, même au péril de sa vie. Si, en embrassant le catholicisme, il ne s'agissait que de renoncer à sa fortune, à sa position, d'affronter des douleurs d'autant plus cruelles qu'elles sont secrètes, — ce ne serait encore rien. On souffrirait beaucoup, mais *tout seul*, ce qui est la suprême consolation des affligés. Mais ici il s'agit de la sécurité de ce que vous avez de plus cher au monde. On vous frappe impitoyablement dans votre foyer, dans la légitimité de vos enfants, on vous en sépare, on vous les enlève. Dans cette affreuse extrémité qu'il ne s'est pas attiré, le Russe redevenu catholique, tout en restant plus que jamais dévoué à son pays, est forcément réduit, les yeux baignés de larmes, les mains levées au ciel, d'attendre dans l'isolement des jours meilleurs, et, humblement prosterné dans la prière, il ne peut que faire descendre de loin la bénédiction divine sur ceux qui l'accusent et le condamnent.

Le gouvernement et la société russe, trop souvent complices de ses erreurs, considèrent un Russe catholique comme un rénégat, un sujet infidèle et un criminel d'État. Ce préjugé n'est pas seulement anti-social, il est surtout anti-national; car dans un grand empire, écrivait l'impératrice Catherine à son ami de Ferney, qui étend sa domination sur autant de peuples divers qu'il y a de différentes croyances parmi les hommes, *la faute la plus nuisible* au repos de ses citoyens, serait assurément l'intolérance de leurs différentes religions.[1]

---

1. Voyez les lettres 7, 9 et 80 de sa correspondance avec Voltaire.

Un Russe ne saurait donc former de vœu plus patriotique que celui de voir la liberté de conscience noblement proclamée en Russie.

On nous répondra peut-être que la rigueur des lois que nous déplorons, en empêche l'exécution, et qu'elles ne sont déjà *qu'une lettre morte.* Dans ce cas, il ne sera que plus facile, en les *enterrant* tout à fait, de s'attirer les applaudissements du monde civilisé, et, ce qui vaut encore mieux, la bénédiction du Ciel, qui ne manque jamais de descendre sur ceux qui font sécher une seule larme.

Fleischmann (Ch. L.). Les États-Unis et la Russie, considérés au point de vue de la grande culture et du travail libre; in-8°, br. . . 2f » c.

Haxthausen (A. de). De l'abolition par voie législative du partage égal et temporaire des terres dans les communes russes; in-8°, br. . . . . » 75

Gagarin (J. Soc. Jes.). De la réunion de l'Église orthodoxe à l'Église catholique (en langue russe): 1 vol. in-8°, br. . . 3 »

Essais sur la Philologie slave et sur l'influence politique et religieuse qui l'a dirigée, par M. D. S.....k, avec un avant-propos de M. L. Landrin fils; 1 vol. in-8° . . . . 2 »

Bratiano (J. C.). Mémoire sur l'empire d'Autriche dans la question d'Orient; in-8° . . . . 1 »

Dulaurier (E.). Histoire, dogmes, traditions et liturgie de l'Église arménienne orientale, avec des notions additionnelles; 2e édition revue et corrigée; 1 vol. in-12. . . . . 4 »

Question religieuse d'Orient et d'Occident. Parole de l'orthodoxe catholique au catholicisme romain, trad. du russe par A. Popovitzki; in-8°, br 1 50

Quérard (J. M.). La Roumanie, Moldavie, Valachie et Transylvanie, la Serbie, le Monténégro et la Bosnie. Essai de bibliothèque française historique; in-8°, br. . . . . 2 »

Golesco (A. G.). De l'Abolition du servage dans les principautés danubiennes, 1 vol. in-8° . . . . 2 »

Les Principautés roumaines et l'empire ottoman; in-8°, br. . . 1 50

Les Slaves occidentaux.

STRASBOURG, IMPRIMERIE DE VEUVE BERGER-LEVRAULT.

www.ingramcontent.com/pod-product-compliance
Ingram Content Group UK Ltd.
Pitfield, Milton Keynes, MK11 3LW, UK
UKHW012134240726
13965UKWH00005B/2178

9 782013 488815